AF258705

PAIN ET LIBERTÉ

SOMMAIRE

Les Producteurs.

Les Consommateurs.

L'Exportation.

Le Futur Gouvernement

La situation Financière.

La Famine.

La Révolution sociale.

Juin 1882

Imp. A. Desjardin, Orleans.

A MON FILS

L'horizon est sombre.

Les industries de luxe ont encombré les villes de travailleurs inutiles, races affaiblies, fatalement vouées à la destruction par la misère prochaine et ses luttes sans merci.

Elles ont développé la mollesse, l'égoïsme, le découragement ou les colères inconscientes.

Le sens des mots est changé : duplicité veut dire intelligence, perversité signifie dédain des préjugés, hypocrisie est synonyme de savoir vivre.

La France désorganisée va rejoindre dans l'oubli les nations tombées, si le retour aux travaux agricoles et aux professions utiles ne vient redonner la vigueur, relever les caracteres, ramener à la moralité, à l'espoir du mieux, assurer l'aisance et la liberté, à l'homme qui voudra vivre honnète et laborieux.

Écrites dans ce sens pour qui les voudra lire, les pages suivantes le sont aussi pour toi; à dix huit ans on peut étudier le présent et préparer l'avenir; lis mon fils elles te sont dediées.

Qu'elles te permettent l'application raisonnée de l'Esprit de Fraternité... Élan affectueux vers ceux qui souffrent. . . . . Ame des mondes.

Qu'elles te disposent aux efforts énergiques, fructueux pour tous. Les hommes qui font au bien géneral une part de leur vie, meritent seuls le respect; et quand l'heure du repos est venue, seuls ils sont dignes de voir venir la mort, le sourire aux levres, la mansuétude et l'espoir au cœur, en présence d'amis disant les mains tendues: Au revoir !

JUIN 1882

PAIN ET LIBERTÉ

SOMMAIRE

Juin 1882

Imprimerie A. Desjardin Orléans.

LES PRODUCTEURS

Notre travail national est sans organisation, les efforts de chacun vont à l'aventure. Du malaise qui en résulte, proviennent nos révolutions fréquentes, se succédant sans rien améliorer.

Croit-on que toutes les productions professionnelles contribuent à la prospérité nationale !

Combien d'ouvriers s'intitulant producteurs, regardant avec mépris ceux qui vivent hors du travail, vivent comme eux aux dépens du pays, sans être d'aucune utilité ! Les inutiles sont nuisibles.

Tant qu'une partie de la nation ne pourra être mise en possession de la nourriture, du vêtement, de l'habitation salubre ; être initiée à la science sociale par la connaissance des droits et des devoirs de chacun vis-à-vis de tous ; ceux qui ne travailleront pas à y remédier seront hors de leur devoir.

Est-ce à dire qu'une nation doit mépriser les arts, l'élégance, le confort ? Non, mais elle ne doit pas s'y livrer, et encore moins consacrer ses ressources à en encourager les progrès ; tant que le nécessaire lui manque.

Si les travaux intellectuels, artistiques, honorent la France, propagent le culte du juste et du beau dans ses diverses acceptions. la placent au rang des agents de l'élévation morale ; combien y prenant part forcent à considérer leurs œuvres comme superflues, et leur vie comme mal employée.

Combien entraînent à leur suite un peuple d'ouvriers, qu'ils retiennent aux productions luxueuses quand le nécessaire manque.

Quelles sommes immenses, prélevées chaque année sur nos misères, par les représentants de l'État, et répandues en commandes et subventions pour les œuvres inutiles.

L'État se doit aux affamés des productions utiles, il ne doit rien à ceux qui amoncellent ces matériaux taillés, sculptés, tordus, fondus, ciselés, coloriés, attirant les regards, et amenant un rictus amer sur les lèvres du pauvre, qui suppute tout ce que ce gaspillage matériel et intellectuel, pourrait représenter de travaux utiles, de progrès moral de souffrances soulagées.

Tant que les privations s'imposent au grand nombre, l'État doit il comme il le fait, favoriser sur les fonds généraux les jouissances picturales, musicales, poëtiques, littéraires, des oisifs que l'ennui

¬ronge? Doit-il dresser à chaque pas des monuments d'orgueil; des palais pour des fêtes, dont le peuple exclu paye une si large part?

Nos travaux publics paraissent n'avoir qu'un seul but, procurer toutes jouissances à la population oisive; bientôt, chacun des fonctionnaires anciens ou modernes, dont elle est la pépinière, aura sa statue sur la place, son buste dans un coin, l'historique de ses vertus aux bibliothèques publiques, et la symbolisation de ses faits et gestes, sur les murailles et plafonds d'innombrables monuments qui surgissent partout, dont les projets pullulent, que les concierges attendent; pour y vivre des visiteurs riches et y bafouer les autres.

L'État doit-il comme il le fait payer des milliers d'hommes décorés, brodés, pour regarder fabriquer et épousseter, quelques douzaines d'assiettes dorées, deux ou trois tapis bariolés, des antiquités douteuses, pour disputer aux vers des croûtes enluminées, des livres d'une sottise épidémique; les vieux habits des célébrités accompagnés de leurs vieux ustensiles de cuisine ou de combat?

Voyez sur nos promenades publiques, aux fontaines souvent sans eau, chaque fleur à son brosseur, dans nos rues chaque tas de moellons désagrégés est appelé monument historique et possède son conservateur, galonné, numéroté, payé.

Malgré son importance le mal causé par le désordre administratif est insignifiant en regard de celui qu'il provoque. Voyant l'exemple d'en haut le public le suit dans la mesure de ses moyens, y cherche une double satisfaction: éclipser le voisin, le rendre envieux. Tout va vers ce but, depuis les somptuosités du désœuvré qui ne sait les apprécier; jusqu'aux brimborions ridicules du travailleur; qui les achète en se plaignant de la gêne ou de la pauvreté.

On s'est dit: que le travail utile ne permettait pas la mise élégante; que ses gains, ne pouvaient suffire aux convoitises nouvelles: On l'a pris en dédain. On s'efforce de paraître étranger aux travaux manuels. On se laisse dominer par un besoin de jouissances acquises sans fatigue, nommé: Esprit de distinction. Amour des arts. Amour de la liberté &ª,. Son véritable nom ne serait-il pas. Inconscience du devoir ou absence d'énergie devant son accomplissement?

On suit ses goûts, ses caprices, sans tenir compte des nécessités générales, quitte à en appeler pour vivre au concours de l'État pour lequel on ne fait rien.

L'ensemble administratif, ce que l'on appelle l'État, ne peut être que le dispensateur de la richesse publique en réserve, si elle n'est pas créée il ne peut la répandre; si elle existe, ce qui en est distrait doit servir à la reconstituer. Les travaux ayant un résultat indispensable à l'ensemble social doivent seuls donner droit aux traitements et aux avances qu'elle permet.

VOICI CES TRAVAUX :

1º Ceux pourvoyant à une alimentation sobre, n'apportant aucun stimulant à l'appétit satisfait.

2º Ceux contribuant à produire des vêtements solides, économiques, servant à garantir le corps et non à l'enchâsser ou à le travestir.

3ᶜ Ceux concourant à la construction simple et durable, d'habitations salubres, et de mobilier utile aux besoins journaliers.

4º Les travaux indispensables à la sécurité générale, à la libre circulation, et aux facilités d'approvisionnement.

5º L'enseignement et les recherches scientifiques, économiques et professionnelles; profitant à la vie individuelle, à la vie sociale, aux professions utiles.

Seuls les travailleurs s'y étant consacrés, ont à différents dégrés et suivant les circonstances droit aux secours, droit à ce que leur vie utile à tous, obtienne par le concours de tous, une vieillesse paisible et honorée.

Néanmoins il faut encore considérer, que même en s'associant aux travaux qui précèdent on peut rester inutile; si une ou plusieurs des professions indiquées, ont un personnel superflu dont on fait partie, tandis que les autres ne peuvent suffire aux besoins.

S'ils ne contribuent pas par l'échange international à procurer les choses indispensables, les ouvriers travaillant à satisfaire les gouts luxueux ou fantaisistes, dans des fabrications somptuaires, gastronomiques, artistiques, etc., ne servent pas le pays, mais une catégorie de consommateurs dont la satisfaction ne peut intéresser l'ensemble de la nation; et s'ils ont à se plaindre de leur situation, s'ils désirent des garanties d'avenir; c'est seulement à ces consommateurs qu'ils peuvent s'adresser, qu'ils peuvent proposer l'organisation d'ateliers sociaux, de caisses de retraite, etc., auxquels ceux-ci donneront ou refuseront leur concours, suivant qu'ils apprécieront le plus ou moins de satisfaction pouvant en résulter pour eux.

Les ouvriers n'ayant pas su choisir un métier utile, n'ont-ils donc aucun moyen d'éviter la misère? Si, le devoir de l'État d'accord avec son intérêt, est de venir efficacement en aide à tous ceux voulant quitter une profession inutile, pour travailler à produire les choses indispensables qui lui manquent.

Les lois corporatives en usage avant 1789, déterminaient le nombre de maîtrises nécessaires aux principaux produits industriels, les meilleurs résultats en auraient été obtenus, si l'ignorance, la partialité, et les concussions, n'eussent vicié la répartition et empêché leur révision périodique. Exaspérée par les misères résultant, et de la mauvaise gestion, et des vices et des crimes nés de l'absolutisme ; la France représentée par les villes intelligentes, a éloigné les gouvernants qui les perpétuaient.

Aujourd'hui les méthodes économiques en usage, sont ardemment combattues, mais, possédons nous la raison, la science, la vertu, devant presider à l'étude de nouvelles mesures de conservation sociale ?

La raison est l'esprit d'examen.

La science est la constatation des faits.

La vertu est l'effort ayant pour but d'être utile.

La vertu ne sait se diriger où la raison manque. La raison manque où la science n'existe pas.

Travailleurs, étudiez pour prendre sagement part à la direction générale. La liberté va devenir pour vous un fléau, si vous n'acquerrez promptement par la science morale et la science économique, l'esprit gouvernemental. Sauf exception pour un bien petit nombre, vous vous exagérez la fortune publique, vous en ignorez les sources: par suite, vous vous exagerez votre droit à sa répartition et votre droit au repos. La production diminue, la misère approche ; et les violences l'aggraveront si vous ne savez les éviter.

Tant que la France n'aura pas sérieusement organisé un système général de renseignements, permettant à chaque père de famille de comparer les besoins à la production, il ne saura placer ses enfants dans les professions utiles, dont les produits sont insuffisants ; l'équilibre dans la distribution des salaires sera impossible, et la misère restera malgré tous les efforts la suprême directrice des évènements.

LES CONSOMMATEURS

N'avons nous pas assez de matériaux entassés sous prétexte de monuments ? Ne pourrait-on cesser de stériliser les efforts de nos constructeurs, dans des créations de palais coûtant plus cher à édifier qu'une ville de province? Que ne fait on plutôt construire chaque année un certain nombre de maisons modestes, qu'un vote local donnerait aux travailleurs les plus dignes. Ces jours de vote seraient les jours de fête de l'avenir. Il y aurait là non seulement des travaux utiles, mais un élément de moralisation ; un exemple de nature à attirer ceux qui emploient leurs richesses sans refléxion. Ils penseraient peut-être à offrir des meubles utiles, des vêtements simples, des outils agricoles ou industriels, et à se donner ainsi des droits incontestables à l'affection publique.

Les amateurs de futilités grandes et petites, se croient les bienfaiteurs de leur entourage, et se disent avec conviction: nous faisons aller le commerce. Oui ils font aller le commerce, mais de quelle manière?

Les uns satisfont des caprices journaliers par des changements perpétuels, détruisant l'œuvre de l'ouvrier à mesure qu'elle se produit.

D'autres écartent l'ennui en allant désorganiser les magasins pour le moindre achat, inutilisant ainsi un nombreux personnel qui le leur fait payer, mais qui ne produit rien.

D'autres encouragés par l'État, réunissent des désœuvrés aux profusions folles ; améliorent les races, en faisant éreinter devant eux des hommes et des chevaux enlevés au travail.

Quel est le nombre de ceux gaspillant chaque jour en fantaisies luxueuses, les aliments qui manquent à d'autres ?

Ils font aller le commerce les habitués de ces fêtes de nuit, où s'évertue un nombreux personnel artistique, soufflant, raclant, pour les faire sauter en cadence, devant un nombreux personnel domestique les faisant boire et manger pendant les intervalles . . . . . Où l'on détruit en quelques heures des toilettes fastueuses représentant de longs travaux perdus.... Où des installations faites à grands frais, sont anéanties aussitôt sans profit pour personne. Voyez vous tout ce monde assemblé pour aboutir à amonceler des débris? Que ne peut on réunir sous ses yeux toutes les destructions dont il est responsable.

Enfin, ils font aller le commerce tous ces insouciants aux commandes fantaisistes, enlevant des intelligences et des bras indispensables à l'existence du grand nombre, qui en souffre et en meurt.

Chacun est libre de s'amuser et même de se tuer de plaisir avec son argent dira-t-on. Ce n'est pas l'avis de tous, on tue aussi les voisins à ce métier. Le monde existe-il pour être dévasté par quelques inconscients sans profit pour eux et au détriment des autres? Ouvriers qui travaillez pour un tel résultat quand le pain manque et que les terres sont en friche, êtes vous fondés à vous plaindre de la misère. Quels sont vos droits à votre estime? A la gratitude de l'État? Échos dociles vous répétez: Cela fait aller le commerce. Faire et défaire c'est toujours travailler.... Avez vous analysé ces phrases toutes faites? Réfléchissez! Êtes vous donc heureux de recevoir dix centimes pour jeter vingt francs dans un gouffre?

Voyez tous nos dirigeants et le nombre en est grand, ne pouvant par suite des usages officiels, visiter le pays, sans prendre tous les moyens d'enlever les ouvriers à leur travail, mats de cocagne, parades militaires, poudre à canon, banquets, musique, lampions; tout cela aux dépens des spectateurs effarés, s'ameutant, s'écrasant pour tout voir. Il y aurait vraiment à faire un meilleur et plus digne emploi du temps et de l'argent.

Nous sommes habitués à tous ces agissements, nous ne faisons rien pour les faire cesser. On se moque de ceux qui les blâment, on les traite en esprits chagrins. On se tient en joie comme on peut, on s'étourdit, on ferme les yeux. Des malheureux pour oublier la misère font aller le commerce en s'énivrant, échangent le pain de la famille contre un superflu qui les accable et les dégrade ils le savent, mais endort la pensée. D'autres livrent bataille à la société qui ne sait leur faire place; escroquent, volent, assassinent, font aller le commerce de la police, des hommes de loi, des magistrats et du bourreau...... On danse de temps en temps au profit de leurs enfants qui attendent leur tour.

L'EXPORTATION

Dès les premières années du second empire le développement de la concurrence commerciale étrangère, inappréciable pour le public inattentif, menaçait notre avenir industriel.

Cette concurrence s'est accrue. Notre commerce d'exportation disparait devant elle, laissant le dénuement à nos portes. Remontons aux sources du mal.

Il y a soixante ans le trafic extérieur de la France était presque nul. Les professions artistiques et les professions inutiles y étaient à peu près inconnues. Le luxe dans l'acception actuelle du mot n'existait pas, on ne tenait pas à être brillant mais à être cossu, c'est à dire muni de choses utiles et solides.

Les travailleurs, d'une simplicité et d'une sobriété excessives, mettaient en valeur les ressources nationales, généralement appliquées aux productions strictement nécessaires.

Dans ces conditions la France se suffisait à elle même, les populations ouvrières habituées à la frugalité vivaient dans une aisance relative ; les misères alors humbles ou résignées, étaient rares et faciles à soulager ; les misères répugnantes, insolentes, sordides, vicieuses, traînant des oripeaux malpropres, n'avaient pas encore été créées par la dépravation croissante, accouplement de l'ennui des oisifs et des tentations du pauvre. On commençait à se remettre des désastres de vingt cinq années de bouleversement, de gloires cher payées, et de chutes profondes.

Les évènements révolutionnaires de la fin du dernier siècle, avaient dispersé jusque dans les chaumières les objets mobiliers de la riche aristocratie d'avant 1789, objets créés lentement par d'habiles artisans, dont les rares produits disparaissaient immédiatement.

Mis en face de ces œuvres inconnues d'eux jusque là, les travailleurs intelligents s'en inspirèrent, en reproduisirent les détails dans la fabrication usuelle des meubles, vêtements, parures, bijoux, etc., dont ils modifièrent peu à peu les formes rudimentaires.

La haute bourgeoisie favorisa ces essais, bientôt ils attirèrent l'attention des voyageurs etrangers, dont la creation active de moyens de communication accroissait continuellement le nombre.

L'attrait de la nouveauté aidant, les classes élevées des états voisins trouvèrent de bon ton, puis indispensable, de se meubler et de se vêtir à la française, se distinguant ainsi du peuple qui les entourait. Alors pour stimuler et propager cette fantaisie profitable pour eux, les maîtres ouvriers varièrent les compositions, ajoutèrent au luxe des détails. De nombreuses commandes affluèrent et commencèrent à développer notre commerce d'exportation.

Les étrangers payaient largement, les fabricants trouvèrent dans leurs abondantes demandes, une source de richesse, facile à exploiter, cela les conduisit à accroître le personnel ouvrier devenu insuffisant, ils attirèrent les jeunes travailleurs des campagnes, facilement décidés par l'attrait de gains plus élevés et de travaux moins pénibles. Pendant vingt ans l'engouement alla toujours croissant, pour l'entretenir on accrut considérablement l'importance et la mise en scène de nos expositions nationales, créées en 1798 pour l'instruction de nos fabricants, de produits utiles, on commença à les transformer en exhibitions foraines, destinées à réunir dans un même local tout ce qui pouvait séduire les regards.

Ces travaux formaient un nombre considérable d'ouvriers, ouvrant continuellement de nouveaux ateliers, et enlevant eux aussi, des travailleurs à l'agriculture, dont la production diminua

Bientôt il fallut acheter au dehors une partie des aliments nécessaires à la consommation, et cela dans des proportions d'autant plus considérables, que les ouvriers venus des campagnes étant mieux rétribués dans les villes, commencèrent à vivre plus largement, et que les agriculteurs vendirent plus cher et firent de même.

Cette période qui se développe entre les années 1825 et 1845, représente la seule phase sérieuse de notre succès commercial. Mais en encaissant les sommes considérables fournies par l'étranger en retour de ses produits industriels, la France oubliait, que se réduisant à se procurer chez lui une partie de son alimentation, elle mettait à sa merci son existence. Si elle eût reporté sur les travaux agricoles la moitié de l'intelligence qu'elle consacrait aux choses inutiles, le bien être pour tous ses habitants, serait depuis longtemps obtenu et assuré.

Vers 1845 le nombre des ateliers de luxe était considérablement accru, la fabrication supérieure aux demandes, remplissait les magasins d'objets invendus ; il fallait trouver de nouveaux débouchés, ou retourner aux travaux des champs ; en se résignant à reprendre la vie d'autrefois.

Les habitudes prises ne permirent pas de s'y résoudre, on préféra chercher des expédients. Quelques rares magasins aux façades élégantes, luxueusement garnis, existaient déjà dans les principales villes. La vue journalière des objets exposés excitait l'admiration, puis des convoitises, qu'on se laissait aller à satisfaire. On développa ce mode d'action, des magasins furent ouverts partout, faisant concurrence aux séculaires boutiques sombres, garnies de marchandises utiles, seules connues jusque là. Les fabricants lancèrent les voyageurs de commerce, les albums et les réclames, allant tenter en France et à l'étranger toutes les familles possédant quelqu'aisance. On obtint ainsi pour un certain temps l'écoulement nécessaire.

La fabrication augmentant toujours, les débouchés ainsi obtenus, devenant encore insuffisants ; on circonvint les travailleurs des villes et ceux des campagnes eux-mêmes, et ne pouvant se contenter de récolter les modestes épargnes réalisées, on gréva l'avenir, en généralisant les ventes à crédit. Alors le second empire débutait.

On avait jusque là vécu sur ce que l'on possédait, on se mit à dépenser à l'avance des gains problématiques, puis des jongleurs financiers attirèrent les capitaux disponibles, sous prétexte d'entreprises possibles et impossibles, à bénéfices immenses ; le fonds payant la rente, les obligations suivant les actions. L'État et les communes se lancèrent dans des dépenses fantaisistes en usant des mêmes moyens.

On sait jusqu'où nous sommes allés dans cette voie. Notre effroyable quantité de papier monnaie sous tous les noms imaginables, l'indique suffisamment. On se mit à vivre gaiement, les générations futures devant payer les frais .... Avec quoi ? .... C'était et c'est encore le moindre des soucis, car bien que nous soyons débordés, contraints à la liquidation fatale de ce triste passé : Qui cherche à y faire face ? Combien s'en occupent ? Chacun se meut inconscient dans le tourbillon qui l'emporte.

On vit surgir des légions d'ouvriers artistes, ne prenant pas le temps d'étudier, étrangers à toutes les méthodes, et produisant à bas prix des à peu près qui tentaient la foule. On s'ingénia pour trouver des procédés de fabrication à bon marché, il en résulta des matières premières défectueuses, des étoffes sans consistance, des bijoux en cuivre et verroteries, des objets d'art ridicules,

Des usiniers paysagistes, portraitistes, figuristes, ornemanistes, architectes etc, fabriquèrent des paysages fantastiques, des portraits grotesques, des meubles plaqués et disloqués, des antiquités destinées à être retrouvées dans des fouilles ou dans des greniers; des maisons à écroulement rapide peintes, cartonnées et mastiquées; le tout prôné, au nom de modes successives, par une armée de commis voyageurs, spéculateurs et intermédiaires, emplissant les rez-de-chaussées, les places, les trottoirs, et les cabinets d'affaires.

Les travailleurs s'entourèrent de productions sans durée ni valeur pour essayer de lutter de clinquant et d'extravagance, avec les classes riches donnant l'exemple. La course vers la ruine générale organisée, acquit bientôt toute sa vitesse.

Pendant ce temps, nos envois de toute nature aux nations étrangères avaient donné à réfléchir à leurs ouvriers, que périodiquement, avec une ostentation inqualifiable, nous appelions a examiner nos produits et notre outillage, dans des expositions splendides; n'oubliant aucune occasion de froisser leur amour propre par notre pénible esprit de vantardise. Ils s'en retournaient la jalousie au cœur et s'exagérant notre richesse nationale créée disaient-ils à leurs dépens, saisis du désir ardent de s'enrichir à leur tour, de se venger de nos dédains. Leurs essais d'imitation se généralisaient, ils étudiaient nos produits, réunissaient les documents utiles, et devenaient des rivaux redoutables, devant lesquels notre prestige s'effaçait.

Tandis que des rapports officiels sans contrôle célebraient notre prospérité, le taux des vivres doublait, nos transactions industrielles ne se soutenaient plus qu'au moyen de ventes à tous prix, sources de contestations journalières entre les patrons se faisant une concurrence effrénée, et les ouvriers, croyant en supporter seuls les frais, exigeant des augmentations, que ne pouvaient donner les fabricants forcés de stimuler les acheteurs par des concessions, couvrant leur situation par des emprunts, ou par la dispersion des économies réalisées autrefois.

Les producteurs se divisaient en deux castes ennemies, se reprochant mutuellement le malaise grandissant; condamnées à chercher de plus en plus des moyens de soutien, dans l'invention et l'emploi de matières inférieures; et dans la mise en œuvre sans étude et sans probité.

Les populations des grands centres voyant la misère venir, ne sachant à quoi l'attribuer, ni comment l'éviter, accusaient les gouvernants. Ils en étaient en effet responsables. Lorsqu'on s'impose pour gouverner il faut savoir écarter le mal, ou tout au moins savoir y remédier. Les hommes d'État, cherchèrent inutilement un dérivatif dans les guerres de Crimée et d'Italie, puis ils firent entrer les réclamants dans une voie sans issue ; en provoquant des associations destinées à reconstruire les villes à commencer par Paris, et en donnant eux mêmes par des constructions gigantesques sans utilité, un exemple funeste, dont le résultat fut de retirer aux travaux agricoles déjà si délaissés, leurs derniers travailleurs intelligents, et d'aggraver ainsi la disette, cause première des souffrances à soulager.

Si l'on eut appliqué à l'amélioration des campagnes les sommes fabuleuses englouties dans ces dépenses, les ouvriers des villes y auraient afflué, ils auraient transformé le sol, bénéficié de leurs efforts ; la France prospère vivrait en paix. Elle n'aurait pas à étayer avec des cadavres son système financier. Des spéculateurs prenant leurs intérêts pour les siens, ne réclameraient pas sans cesse le sang de ses enfants sous prétexte d'assurer son existence.

Une éducation molle, faussée pour les besoins de la sécurité gouvernementale, contribua à éloigner les jeunes gens des travaux fatigants. On doubla, on tripla pour eux le personnel des administrations, et ils pullulèrent dans les maisons de commerce, y prenant le travail des femmes. Alors la prostitution devint un métier avoué. L'étranger choisit la France pour lieu de débauche. Le luxe avait trouvé une nouvelle marchandise à lui offrir ! Un cynisme effrayant parti des hautes classes développa le mal, les industries facilitant ce genre de vie surgirent sous toutes les formes. Les événements ont aujourd'hui enrayé leur succès, l'étranger est plus rare, la gêne cachée partout, laisse subsister la dépravation mais restreint les largesses ; la formidable armée de la prostitution et de ses aides, ne pouvant se régénérer par le travail utile qu'elle ne sait ou prendre, va demander au crime les ressources que le vice ne lui donne plus.

De temps à autre des mouvements populaires visant des institutions politiques généralement mauvaises, mais considérées à tort comme causes immédiates de la misère croissante ; se produisaient sans succès. Placés en tête par leurs compagnons, les meilleurs ouvriers s'y trouvaient en évidence. Après chaque tentative quelques uñs émigraient pour échapper aux poursuites, nos rivaux lés accueillaient avec empressement, profitaient de leur savoir, et leurs succès industriels s'accentuaient à notre détriment.

Les actes gouvernementaux qui suivirent les évènements de la commune, précipitèrent notre ruine. Pendant les cinq années de répression militaire, des milliers d'ouvriers exercés s'enfuirent à l'étranger, qui connut alors ceux de nos procédés restés ignorés; de nombreux élèves s'ajoutèrent aux autres, aujourd'hui, nous sommes entourés d'une concurrence triomphante, qui nous ferme les états voisins dont les achats nous enrichissaient; et nous atteint sur nos propres marchés intérieurs, car elle y est favorisée par l'élévation de nos prix de main d'œuvre, de soixante à cent cinquante pour cent supérieurs aux siens.

Le manque de travailleurs est tel dans les campagnes, que malgré la rapidité d'éxécution obtenue par les perfectionnements de l'outillage agricole, le chiffre de la superficie des terrains cultivés est presque stationnaire depuis trente ans. Le prix des objets d'alimentation augmente toujours. Les ouvriers déroutés paraissent ignorer encore que leur salut doit résulter du retour à la production alimentaire, qu'un cinquième de notre sol cultivable ne produit rien, que les quatre autres cinquièmes sont insuffisamment cultivés, et livrés à la routine qui n'obtient pas la moitié du possible.

Chaque corporation ouvrière continue à exiger périodiquement des augmentations de salaire, que les fabricants réduits à emplir les magasins, à vendre à crédit ou à des prix inférieurs, ne peuvent donner ou continuer. L'inimitié entre maîtres et ouvriers est arrivée à sa phase la plus aiguë.

Une partie des produits se liquide criminellement, s'accumule dans des docks, des entrepôts, des Mont-de-Piété de toute nature, aidant les patrons à se débattre encore quelques années, au milieu des ruines de notre industrie mourante sous son fard.

Depuis cinq ans pour nous procurer ce qui nous manque en vivres et matériaux, nous rendons à l'étranger l'argent que nous avons reçu de lui autrefois en échange de nos produits industriels.

Depuis cinq ans, nos achats au dehors ont dépassé nos ventes de cinq milliards. Le déficit ayant commencé par quelques centaines de millions, est de un milliard et demi pour la seule année 1881.

Les rapporteurs officiels, qui ne peuvent faire autrement reconnaissent le fait, mais au lieu d'en conclure que dépensant plus que nous gagnons nous nous ruinons ; ils voient la France dans une situation prospère, suivant eux la richesse publique se développe, nous amassons des matériaux bruts que nous revendrons lorsqu'ils seront travaillés et nos produits perfectionnés auront vite reconquis le terrain perdu, etc., … etc., … Cette explication ne supporte pas l'examen, on ne met pas cinq ans à ouvrer des marchandises sans en écouler; et nos perfectionnements, s'il y en a, seront immédiatement imités. Du reste, tout le haut commerce sait à quoi s'en tenir sur le sérieux de cette appréciation. Il sait que notre exportation ne suffit plus à nos besoins, qu'elle décroît avec rapidité par suite des efforts des ouvriers étrangers, nos rivaux, nos égaux, ou nos copistes, et qu'il nous faut abandonner tout espoir de compensation de ce côté.

On ne cherche plus qu'à soutenir la confiance, à retarder le dénouement, en répétant tres haut: Tout va bien. Et très bas: Aprés moi qu'importe. Nos bulletins commerciaux sont inspirés par cet esprit.

LA SITUATION FINANCIÈRE

En 1875 notre numéraire était évalué par certains économistes à six milliards au minimum, et à onze milliards au maximum. Ce dernier chiffre est invraisemblable, mais acceptons le sans contester : Nous avons perdu en moyenne un milliard par an depuis cinq ans, il nous en reste six, et en nous basant sur nos achats de l'année 1881, nous voyons que cette somme ne peut prolonger la situation plus de quatre ans. Tenons compte si l'on veut, de récoltes exceptionnelles possibles, d'accroissement de quantités par l'accroissement des falsifications déjà si nombreuses, et si préjudiciables à la santé publique; de crédits que nous pourrons prolonger, et de tous les expédients financiers qu'on pourra mettre en usage pour gagner du temps: Avant six ans nous resterons devant l'étranger, sans argent, sans crédit.

Pour les transactions intérieures et pour combler les déficits, nous avons fabriqué des valeurs françaises, billets de banque, billets à ordre, actions, obligations, etc., lancées pour le succès d'opérations de toute nature ; passant, pour être garanties par des travaux quelconque, par des objets mobiliers et des immeubles, ou par du numéraire disponible. En réalité parmi ces garanties les unes sont illusoires, parce qu'elles reposent sur des assertions mensongères ou des bénéfices éventuels, les autres, n'équivalent pas à vingt pour cent des valeurs-papier qui les représentent. Tous ceux qui, en France ont quelque chose à perdre, les acceptent ne pouvant faire autrement, et simulent à leur sujet une confiance qu'ils ne possèdent pas ; afin de retarder le plus possible une banqueroute nationale qui les ruinera, vers laquelle nous dirigent : nos erreurs économiques, nos guerres intérieures et extérieures, les entraînements du luxe et un découragement progressif.

L'étranger exportateur ne peut accepter que temporairement nos valeurs-papier, elles ne peuvent on le comprend avoir chez lui un cours régulier. Il lui faut pour continuer ses opérations, échanger à bref délai ses marchandises contre une valeur sérieuse, ayant cours partout. Autrefois nous le payions avec des produits de fabrication française, qu'aujourd'hui il refuse parce qu'il fabrique lui-même. Une partie de nos achats extérieurs doit se faire l'argent à la main ; bientôt nous ne le pourrons plus. On vient de le voir.

Nous achetons annuellement pour six milliards, nous payons quatre milliards et demi avec nos marchandises, et le reste soit le quart, avec notre réserve métallique. Donc, après son épuisement, nous devrons diminuer de vingt cinq pour cent nos achats annuels.

Mis en regard de nos dépenses générales évaluées à douze milliards, ces vingt cinq pour cent, représentent environ douze pour cent de notre consommation actuelle. Rappelons nous ce chiffre, dans le chapitre suivant nous analyserons ce qu'il contient de désastres.

Notre production alimentaire est en moyenne de un dixième inférieure à notre consommation, mais elle est de au moins un cinquième inférieure à nos besoins car il faut tenir compte du nombre d'habitants, faibles, souffrants, mourant jeunes, parce qu'ils sont insuffisamment nourris, vêtus, ou logés. De plus, nous manquons de cuir, de laine, de coton, pour nos vêtements ; de fer de bois etc., pour nos constructions ; car on ne saurait trop le répéter, la France malgré les privations d'un grand nombre, est loin de produire les quantités qu'elle consomme. Nous ne parlerons pas des nombreux articles étrangers que les habitudes luxueuses ont seules rendus nécessaires, laissons cela ; mais on ne peut nier l'évidence, nous manquons de commandes, nous allons manquer de vivres et manquer de matières premières pour nos besoins urgents ; nous avons en perspective le chômage et la famine, c'est à dire, la misère sous sa forme la plus atroce, misère permanente et sans espérance, qui abaissera les caractères, multipliera les crimes ; placera les riches en face du couteau, les pauvres en face des balles.

LA FAMINE

Il faut envisager la situation bien en face. La plus importante partie de nos travaux industriels devient inutile, en ce sens que l'étranger qui nous l'achetait n'en veut plus.

L'arrêt dans ce genre de fabrication s'effectue lentement, la plupart des fabricants ne pouvant se résoudre à la suspension immédiate de leurs affaires continuent à emmagasiner. Néanmoins, un chiffre notable de valeurs affectées à ce commerce, est rentré en portefeuille, d'où les nouvelles entreprises financières, ne sont pas de nature à le faire sortir. Attirés par l'élévation croissante du prix des loyers dans les villes, les possesseurs les emploient à faire construire des maisons nouvelles, soit isolément, soit en s'associant à des spéculations de construction. On détruit de vieux quartiers, de vieux bâtiments incommodes, on les remplace par d'autres mieux disposés ; il en résulte pour ce genre d'industrie une grande activité, se traduisant en allées et venues affairées hors des ateliers et les gens superficiels répétent à l'envi : Tout va bien, les affaires marchent.

En effet cette opération commerciale exagérée, étrangère à nos besoins actuels met momentanément plus à l'aise les nombreux ouvriers qui y sont employés, qui en profitent pour demander des sâlaires plus élevés et nous assistons à la continuation provisoire d'un mouvement d'échange intérieur, qui voile encore pour un peu de temps la décadence de notre commerce extérieur.

Ceux qui se contentent des apparences et ils sont nombreux, attribuent ce mouvement à l'initiative de l'épargne possédant une grande quantité de numéraire. L'erreur est grande, on n'est pas vis-à-vis de l'épargne, mais seulement vis-à-vis de rentrées, produites par la stagnation commerciale, provenant de la suppression de débouchés extérieurs; on ne fait pas circuler du numéraire, mais seulement du papier qu'on cherche à utiliser, car ainsi qu'on peut le remarquer; depuis longtemps dejà, l'échange intérieur se fait au moyen de papier de banque, ne représentant plus, qu'un crédit accordé par habitude, sans confiance et faute de mieux.

Pendant que les constructions s'élèvent de toute part, chacun compte sur un résultat favorable à ses intérêts. Les propriétaires en espèrent un produit progressif, les ouvriers en attendent des logements plus confortables et moins chers.

Ouvriers, les loyers ne seront pas abaissés. 1o Parce que le taux des salaires et les goûts actuels, rendent les maisons neuves plus coûteuses que celles qu'elles remplacent. 2o Parce que ces maisons neuves contiendront moins de locaux que les anciennes, soit par suite de l'élargissement des voies dans les quartiers ouvriers; soit par suite de dispositions intérieures plus spacieuses dans les quartiers riches

Propriétaires, si les loyers augmentent ce ne sera pas pour longtemps. Voici pourquoi. 1o Tant que le commerce extérieur a occupé la plus grande partie de la population des villes, et payé son travail, cette population a pu vous remettre plus d'argent que vous lui en donniez; d'autant mieux, que vous vous contentiez de la loger dans vos anciennes constructions.

Aujourd'hui, vous êtes seuls à donner du travail et par conséquent de l'argent aux ouvriers. Il faut songer que pour se nourrir et se vêtir, ils ont à en distraire des sommes allant au dehors, où elles restent faute d'échange. Le travail qui ne les possède plus, ne peut les mettre en valeur et en servir les intérêts. Du reste, la France achetant à l'étranger plus qn'elle ne lui vend, entame son capital sans possibilité de le reconstituer. Qu'est-ce que la France? Tous les français.

2o On ne peut se dissimuler qu'avant peu, forcés par la situation, les ouvriers accepteront vos prix, ne pourront les payer et refuseront de partir. Naturellement il y aura lutte. Emprisonnera-t-on en masse en mettant le reste sur le pavé? Accepterez-vous la situation? Qu'importe le résultat sera le même, le travail de construction s'arrêtera, lui seul aujourd'hui fait vivre les villes. Qu'arrivera-t-il?

Que ferez vous propriétaires sans revenus? Et vous que ferez vous ouvriers sans vivres, aujourd'hui nourris par l'étranger en échange d'un numéraire qui va manquer.

Les campagnes produisent assez pour elles. Elles le garderont. C'est sur vous ouvriers des villes, sur vos familles, sur vos sept millions de têtes, que la faim s'abattera tout à coup. Repartie sur toute la nation, la disette de douze pour cent qui nous attend représenterait six semaines sans pain, sans feu, sans vêtements etc, mais ce sera sur vous seul qu'elle pésera, vous serez sans pain neuf mois sur douze, cinq jours sur sept.

Tenterez-vous de piller les nations voisines sous un prétexte quelconque, donnant en échange les cadavres de vos fils pour fumer leur sol! Nous l'avons naguère criminellement essayé, on nous a châtiés. Nous paraissons vouloir recommencer sur un autre point, le résultat sera le même; pire encore, car ruinés plus vite, vous irez plus tôt ravager les campagnes françaises où le travailleur se suffit encore à lui même. Combien de temps cela vous nourrira-t-il? Quelques mois, et après? Puis, vous savez comment vous serez reçus. Voyez-vous les colères inconscientes, les yeux au regard rouge, les mains sur les armes? Vous serez quatre millions d'hommes de femmes, d'adolescents, devant vingt millions d'autres, qui se défendront à outrance; et la guerre sociale aura la famine pour associée.

C'est là ce que l'étranger attend pour en finir, il est prêt.

Rois qui vous offrez, tribuns qui évoluez! Qu'êtes vous en face de cette situation? Le grain de sable sous la roue... La France ne peut être sauvée que par elle même... Il en est temps encore.

LA RÉVOLUTION SOCIALE

Ouvriers qui désirez une révolution sociale, vous avez raison, il en faut une. Faites là le plus vite possible, mais réfléchissez y d'abord.

La révolution sociale ne peut surgir des barricades entre le sifflement des balles, le bruit du canon, et les cris des mourants. Elle ne peut non plus sortir tout à coup de l'urne électorale. Elle viendra vers vous au fur et à mesure de la transformation de vos idées et de vos mœurs, lorsque vous serez bien convaincus que votre travail et celui des agents nationaux, doit être exclusivement appliqué à donner le nécessaire à tous, et qu'il vous faut l'assurer avant de songer au superflu. Le triomphe révolutionnaire est là.

Souvenez-vous des efforts du passé. Souvenez-vous des révolutions précédentes. Vous vous rappellerez qu'après la destruction la foule s'égare dans les ruines qu'elle à faites . . . Que les plus ardents d'entre vous, ceux auxquels il n'a manqué que le calme pour prendre rang parmi les plus nobles apôtres du progrès, ont été conduits par elle : aux pontons, aux pénitenciers coloniaux, au bagne ; et souvent hélas au poteau d'éxécution.

Aujourd'hui comme alors la foule est la même. Elle ignore. Qui lui donnera l'Idée ? Qui lui apprendra à édifier avant de détruire ? A l'œuvre éducateurs ! Faites de ses enfants ce que les éducateurs du passé, confinés dans un immuable système, ont trop prouvé qu'ils ne pouvaient faire d'elle : Une réunion d'intelligences.

Jeunes ouvriers qui réclamez des moyens d'association, que ce soit surtout en vue de l'association agricole. Réunissez-vous par groupes, demandez des concessions de terrain desquelles vous puissiez devenir possesseurs, des instructeurs pour diriger vos premiers travaux, des subventions à titre de prêt pour suffire aux premières dépenses et attendre les résultats. Pétitionnez jusqu'au succès, l'union et la persévérance font la force. Grâce à d'intelligents outillages, les fatigues excessives d'autrefois sont supprimées, vous saurez les amoindrir encore. Grâce à la presse aux communications rapides, malgré votre éloignement des villes la vie intellectuelle continuera parmi vous, et vous saurez la développer. Vous établirez un système de garantie mutuelle vous mettant à l'abri des désastres locaux, des pertes de récoltes ruineuses pour les imprévoyants repoussant la solidarité. Colonisez la France les terrains sans culture y sont nombreux, et plus nombreux encore ceux qui faute de bras sont imparfaitement cultivés ... Colonisez nos possessions algériennes : Créez là une jeune France aux larges horizons.

Jeunes pères de famille auxquels l'âge laisse encore de longues années de vigueur, joignez-vous à vos jeunes amis. Quittez s'il est possible, ces cités opulentes, bagnes du travailleur; où les enfants s'étiolent, où germent les faux orgueils, les haines hypocrites, les vices, les désespoirs, les morts prématurées. Ne contribuez plus à propager ce luxe qui donne la misère. Fécondée par l'association d'efforts intelligents qui lui sont inconnus, la terre endormie se réveillera, et vous donnera bientôt généreusement le bien être qui fera de vous des hommes heureux et de vos enfants des hommes libres. La liberté croît lentement au milieu des vieilles civilisations, mais son épanouissement peut-être rapide sur les sols vierges.

Si nous sommes malheureusement forcés de conserver une armée permanente, que ce mal devienne un bien; qu'il nous serve à accélérer le mouvement régénérateur. Que nos jeunes gens qui se croisent les bras, se démoralisent, et se désespèrent dans nos casernes, soient campés pendant les meilleurs mois de l'année, et moyennant un salaire se capitalisant pendant la durée du service, qu'ils soient employés aux travaux de défrichement et de culture. En quittant l'uniforme beaucoup voudront l'air libre. Parmi ceux-là travailleurs de la terre, les uns deviendront vos utiles collaborateurs, les autres, attirés par les grands espaces où les jeunes pensées s'aventurent; auront assez appris pour travailler à féconder nos terres africaines. Là, en face de la patrie encourageant par des subventions nationales, les efforts de ses généreux enfants : ils formeront des centres agricoles n'ayant rien à redouter, car ils sauront cultiver et combattre.

Pour remédier au présent et préparer l'avenir, il faut à la France des administrateurs réagissant contre le luxe général, par une simplicité dont ils donneront l'exemple; abaissant les hauts traitements, recherchant les économies, et refusant momentanément toute allocation nouvelle n'ayant pas pour objet : Les écoles pri-

maires, l'extension de l'agriculture ; et les écoles d'apprentissages
utiles.

Il faut à la France des administrateurs se préoccupant d'attirer
de nombreux ouvriers aux travaux des champs : En faisant construire des maisons rurales bien disposées, partout où les bras
manquent: En faisant dans une sage mesure les avances d'outillage et de produits nécessaires aux premiers travaux: En subven-
tionnant sérieusement des professeurs agricoles pratiques, ouvriers
du sol, fonctionnant sur le terrain, afin que les ouvriers des villes
travaillant sous leur direction, puissent produire immédiatement.
Il n'est pas de commune qui ne puisse en fournir au moins un,
disposé à accepter cette noble mission, et capable de la remplir.

Fondons de nombreuses écoles pratiques pour l'étude de l'agriculture, qu'elles soient ouvertes à tous, sans études secondaires
exigées aujourd'hui. Est-il donc besoin de connaître au préalable :
Racine, Hérodote et Quinte-Curce pour tracer un sillon ?

Réagissons contre le luxe et ses entraînements. Apprenons à ceux
qui l'ignorent que la famine est à nos portes. Faisons savoir aux
enfants, que les travaux de luxe ne pourront les faire vivre. Faisons
une révolution sociale ! Avant de songer aux futures générations
industrielles : Créons une génération de laboureurs.

Que dans un prochain avenir, la France puissante, et libre, soit
fraternellement unie dans la paix, fille de l'abondance.

Ne persistons pas à suivre les fratricides voies politiques et
économiques dans lesquelles nous sommes engagés, non avec le
flambeau qui éclaire mais avec la torche qui incendie ; sinon
bientôt : pâles de honte, courbés sous une coalition formidable de
rois attirés par l'odeur du sang que nous allons répandre, et con-
duisant à la curée leurs peuples inconscients ; nous entendrons ce
cri suprême de l'orgueil étranger se partageant le sol : La France
est morte ! Puis nous subirons l'écrasement, nous irons tête bais-
sée, travailler la terre en esclaves, avec le gibet en perspective,
sous les ordres de soldats abrutis qui souilleront le pain qu'ils
nous jetteront, nous dirigerons comme on dirige les bêtes de
somme, comme étaient dirigés nos aïeux: l'injure à la bouche et
le fouet à la main, devant les femmes insultées les enfants avilis.

La France aura vécu.
La Liberté en larmes aura fui pour jamais.

LE FUTUR GOUVERNEMENT

Le premier effort doit avoir pour but la formation de comités permanents d'études sociales, recrutant des adhérents dans chaque localité, cherchant les solutions intéressant le groupe, la région, les affaires générales.

Par leurs relations multiples ces comités se généralisant, trouveront facilement des députés résolus à faire consister leur mission, en une représentation réelle des volontés nationales ; et à en provoquer l'expression fréquente, soit en réduisant à une année la durée du mandat législatif, soit par des démissions annuelles, qu'ils rédigeront à l'avance, signeront et déposeront en acceptant la candidature.

Le rôle individuel des représentants aux différentes assemblées est presque nul, on l'a pu voir jusqu'à présent. Les meilleures intentions sont méconnues ou paralysées. Des hommes qui semblaient désirer le progrès, paraissent à l'œuvre, inactifs, hésitants, cherchant leur voie. Pourquoi? Voici: Élus par des électeurs inconnus dispersés après le vote, ils sont restés seuls devant l'immense tâche qui leur incombe: La création d'un régime démocratique, économique, égalitaire, ayant pour but par le développement intellectuel: la paix intérieure et extérieure, le développement, et la répartition équitable de la fortune publique. .

Troublés par des récriminations contradictoires, ils sont impuissants à dominer les convoitises égoïstes qui s'agitent autour d'eux, sous toutes les cocardes connues.

Il en sera de même, tant qu'ils ne seront pas soutenus et dirigés par leurs mandants réunis en comités, toujours prêts à l'étude et à la manifestation des décisions en résultant.

Ce n'est pas à nos députés à étudier à fond les innombrables questions qui nous réunissent ou nous divisent. Quels qu'ils soient, la compétence comme le temps, leur manque pour cela.

Quoique visible à tous les yeux le but est loin, les routes sombres il faut éclairer la marche, c'est-à-dire se mettre d'accord sur ce qu'on désire, sur les moyens à employer pour l'obtenir, et passer alternativement du conseil à l'action.

Est-il nécessaire d'être représenté par des hommes supérieurs? Non, les gens simplement honnêtes valent beaucoup mieux. Où sont-ils, les hommes supérieurs, écartant l'intérêt personnel en face des intérêts généraux, capables d'élucider seuls les questions et de les résoudre par le détail? Qu'on ne s'arrête pas sans examen à des réputations de ce genre, établies par des intérêts isolés et proclamées par des naïfs.

Les idées régénératrices ne peuvent être contenues, avec tous les développements qu'elles comportent, dans le cerveau de quelques individus. Le bonheur d'un peuple qui n'est plus à l'état de troupeau, qui a des idées et non des instincts, ne peut résulter des étroites conceptions d'un homme, d'une famille ou d'une caste veillant sur ses privilèges. Mais avons nous des idées? Avons nous des instincts? L'instinct veut les jouissances immédiates par la ruse ou la force, sans préoccupation des conséquences, sans souci de justice ni d'avenir.

L'idée recherche le mieux durable, par l'étude, la réflexion, la prévoyance des résultats, la concordance des intérêts, et le respect de l'équité.

L'instinct attire les dirigeants, l'idée les collaborateurs.

Où en sommes nous?... Travailleurs vos actes répondront !

Les théoriciens politiques, les économistes, vivent ordinairement dans un milieu favorisé, ne voyant qu'un côté des choses, dédaignant l'opinion générale et ses manifestations, enfermés dans un cercle d'idées au délà duquel ils ne voient rien. De même que les partisans de politiques séculaires, ils sont déplacés dans le gouvernement d'une nation libre, ce gouvernement devant s'inspirer des évènements et non d'un système, et être pour cela continuellement en contact avec le seul directeur ayant droit d'agir.

Ici, ce directeur c'est tout le monde, c'est la France, et alors sous, peine de voir le mal s'éterniser, s'aggraver, tous les hommes capables de penser doivent envisager les mesures à prendre, étudier les réformes à accomplir, tout le monde doit se mettre à l'œuvre.

Promoteurs ou admirateurs de systèmes individuels anciens ou nouveaux, donnez votre grain à la terre, votre idée à la foule, afin qu'elle la fasse fructifier. Sinon : faites ce que vous voudrez, acclamez des noms, chantez vos espérances, provoquez l'enthousiasme ; vous n'aurez qu'un jour sans lendemain. Après vos élans et vos fêtes, vous retomberez toujours en face des mêmes luttes, des mêmes angoisses, des mêmes misères.

Hommes du travail, cherchez par l'étude la réalisation d'un état meilleur. Sinon vous ferez ce que vous avez toujours fait après vos victoires, incapables de constituer vous vous remettrez aux mains des habiles ; et comme toujours ils vous replongeront dans le passé.

Quelles que soient leurs divergences sur les moyens d'opérer, les coteries politiques sont mues par le même principe : S'enrichir par le concours de tous, obtenu par la force ou la persuasion.

Leurs hommes en place appellent devoir, tout effort des autres pouvant les y maintenir.

Leurs hommes sans places appellent devoir, tout effort des autres pouvant leur en procurer.

Les améliorations ne s'accompliront que par les incessants efforts des intéressés, se traduisant en procédés énergiques, et en groupements importants, imprimant la crainte aux malintentionnés, les forçant à réfléchir. Elles ne peuvent résulter de protestations oratoires, quelle qu'en soit l'éloquence, ou d'efforts intermittents quelle que soit leur vigueur. La raison comme l'histoire, en prouve surabondamment l'insuffisance, sinon la stérilité.

Combien de bonnes idées perdues, faute d'une formule régulière d'expression, ou du concours nécessaire pour les produire. Des comités les révèleront, grouperont les forces qu'elles contiennent, les mettront en valeur.

Que vos comités organisent des conférences fréquentes, s'affirment par la presse, par la parole, et en faisant sanctionner leurs décisions et leurs motifs, par des assemblées générales et par des pétitions répétées. Qu'ils fassent appel à toutes les forces que peut fournir le nombre par les collaborations intellectuelles, et pécuniaires.

Par la pratique de la solidarité, par la publicité donnée aux services rendus, qu'ils luttent contre les procédés plaçant leurs délégués ouvriers, entre la misère et le silence, et leurs délégués indépendants, entre la défaillance et les outrages.

Que le programme général soit : Étude réfléchie et propagation ardente de doctrines économiques impartiales. Instructions précises aux mandataires. Puis, persévérance et surtout patience, si l'on veut améliorer et non dévaster ; car rien n'est organisé pour permettre de remplacer avantageusement par un seul effort, des usages nationaux consacrés par plusieurs siècles, dont la foule mal instruite subit encore l'influence ; ou pour séparer brusquement ces usages, des abus qui y ont été si savamment et si intimement liés.

Pàr le raisonnement, par la vulgarisation des idées, comblons autour de nous le vide intellectuel ; abîme funeste derrière lequel se retranche le mal, abîme profond qu'il faut franchir pour vaincre. Agissons, et surtout engageons nos enfants dans le mouvement.

Par des conférences spéciales, régulières et répétées, dirigeons et surveillons avec une sollicitude active leur instruction sociale, pour qu'en eux, le sentiment de la justice et celui de la solidarité, grandisse avec eux.

Surveillons non moins instamment leur instruction professionnelle, car l'exercice intelligent du travail utile, est le premier, le principal agent de tout bien-être ; toutes les volontés doivent avoir pour objet d'en provoquer l'extension, et en dehors de l'aide fraternelle dûe aux malheureux, toutes les lois doivent avoir pour but la répartition équitable de ses fruits, entre ceux qui en assurent la production : Instructeurs, producteurs à tous dégrès, serviteurs du pays représentant ses volontés, et garantissant sous sa direction, sa sécurité et ses droits.

Travailleurs studieux. Il en est près de vous un trop grand nombre, dont l'intelligence peu cultivée a besoin de lumière ; qui restent indifférents devant vos efforts pour améliorer, ou préconisent la force au triomphe passager. Ne vous découragez pas devant leur dédain ou leur inertie en face de l'étude des moyens pacifiques ; devant leur refus de participation.

En travaillant à les éclairer, à les calmer, vous travaillez pour vous qui porteriez aussi la peine de leurs violences ou de leur paresse ; pour vos enfants, qui après des souffrances prolongées, devraient à leur tour reprendre la tâche que vous auriez abandonnée. Efforcez vous de rendre ceux qui vous entourent, dignes de collaborer à l'œuvre de la rénovation sociale, qui doit s'accomplir dans la paix : Par l'accomplissement du devoir qui est : La pratique du bien.

Faire le bien, consiste pour ceux qui possèdent, soit matériellement soit intellectuellement, à faire part, aux moins bien partagés ...... FAITES LE BIEN vous en recueillerez les fruits : PAIN ET LIBERTÉ ....!

EXCURSOR.

Juin 1882.

Du même auteur.

La politique des ouvriers. CRI D'ALARME. E. Dentu, éditeur   188

Aux ouvriers. QUATRE VINGT DIX ANS de RÉVOLUTION.   188

PAIN ET LIBERTÉ...................................... 188